Da ferida à cicatriz:

transformada pela Graça

Antologia Poética

Yasmin dos Santos

Quando não houver mais sanidade,
Nem lágrimas para chorar,
Nem esperanças de uma saída,
E em suas feridas infeccionadas
você pensar que é o fim

Lembre-se deste livro

At.te

Uma pessoa que nasceu de novo
pois teve suas feridas saradas
Pela Graça de Jesus

SUMÁRIO

DA FERIDA...   4

Desconvidando a sabedoria   5
Tudo começa na vaidade   6
Independência   7
Prato feito   8
Concupiscência   9
A doença da Ira   10
Más conversações   11
Insensatez   12
Sem perspectiva   13
Insatisfação   14
Fórmula da ingratidão   15
Arrogância   16
Inveja, Inveja   17
Achismo   18

Juízes desta Era	19
Distância do outro	20
Desgosto	21
Ignorância	22
Mente e nem sente	23
Esquecendo do próximo	24
Maltrato	25
Sensibilidade esquecida	26
Aparências	27
Paixões	28
Pode acreditar?	29
Causa e efeito	30
Quebra de aliança	31
Ferida no calcanhar	32
Abstinência	33
Ferida de maldição	34

...A CICATRIZ	35
A morte do Rei	36
Sua voz, na miséria	37
Resgate pt. 1	38
Resgate pt. 2	39
Recolhendo retalhos	40
Devagar	41
Aprendendo a amar	42
Maturidade	43
Arte de viver	44
Cuidado do Rei	45
Não a dormência	46
Perfume de vida	47
Cicatrizar da Graça	48

DA FERIDA...

Desconvidando a sabedoria

Minhas palavras são sinceras
Quem dera antes tê-las ouvido
Não me afogaria em misérias
Nem teria conhecido meus gritos

Porventura não clama a sabedoria?
E nas esquinas não se escuta sua voz?
Se eu soubesse, a escutaria
Se ela se calar, o que será de nós?

Se a ignoramos, então não escutamos
Por que em vão a sabedoria falará?
Nessa cilada já caíram tantos
Ouça essas palavras e você não cairá

Tudo começa na vaidade

Quando você já não se controla
Para os seus prazeres implora
Um pedaço da sua alma, na mesa
Onde só se serve o que deseja

Relacionamentos? Resta o lamento
Só existem para dar ao ego mantimento
"Esquece amor e esquece a compaixão
Relacionamento é só para autorrealização"

E segue esquecendo de Deus, devagar
Embriaguez sem vinho provar
Esquece a paz ou a humildade
Tudo começa na vaidade

Independência

Falo o seu nome
Mas falar não é conhecer
Até temos algumas conversas
Mas nelas, não deixo transparecer:

Que não peço mais o pão de cada dia
Agora eu mesma faço minha corrida
Dentro de mim, a reverência se esvai
Pois agora tenho a vaidade como pai

Irreverência vem com a independência
De não ter, em Ti, suficiência
Então Deus deixa de ser referência:
O trono do peito vaidoso é a carência

Prato feito

Fiz-me carente
Mesmo nunca solitária
Fiz-me inconsequente
Ante uma vida solidária

Por que perdi
O pão que me deu?
E no mundo sai
Pedindo migalhas de outro deus?

Me alimento do que não é refeição
E nosso relacionamento é desfeito
Sua mesa, Deus, rejeito
O orgulho hoje é meu prato feito

Concupiscência

Saciar meus olhos
Não posso impedir
Saciar minha carne
Só quero possuir
Soberba da vida
Vem o ego acudir
Fome sem final
Usufruir! Usufruir!
Sistema de recompensa
Compensado
Não quero fugir
Quero mais, mais
Nem penso em partir
Ando "por cima"
Nem penso em cair

A doença da Ira

Quem despreza a sabedoria
Abriga a ira no coração
Dispensa a melhoria
Quem se alimenta de indignação

A cólera faz aumentar a pressão
Pois a veia está entupida
De caos, rancor e perversão
Diagnóstico: alma falida

Adoece outra vida
Quem pela ira está dominado
Trata como quer, não como devia
Contamina e está contaminado

Más conversações

Não se deixe enganar
Pelas más conversações
Não se deixe amarrar
Pelos seus grilhões

Usam o poder de corromper
Todo bom costume e valor
Para no mal te manter
Sem se esquivar da dor

E o que dizer daquele que vai atrás?
Quem tem por elas, carinho
Nas más conversações se apraz
Pois elas o mantém em seu mal caminho

As correções feitas por quem te ama
Carregam consigo fidelidade
Os beijos de quem te quer na lama
Te ajudam a continuar na maldade

Insensatez

Justo ao seu olhar
Aprovado ao seu julgar
É o caminho do insensato
Sua concepção é seu fato

Não tem prazer
Em ver alguém crescer
Mas se mantém em seu estado
Não aceita ser contrariado

Sem diretrizes, cai a nação
Sem a direção
Da plena sabedoria
Que tem nos conselhos moradia

Sábio ouve a repreensão
E guarda isso no coração
O tolo despreza o entendimento
E nunca tem crescimento

Sem perspectiva

Todo peito adormecido
Pelo pecado acometido
Vive sem sentido
E deixa o sonho esquecido

Insatisfação

Não tem sol lá fora?
Não tem!
Morango, framboesa, amora?
Não tem!
Macarrão, arroz, feijão?
Nem vem!
Uma companhia?
Ninguém...
Nem uma moradia?
Se bem...
Não tem cama, um colchão
Olhos, mãos, respiração?
Para! Não!
Sem argumentação!
Nada deve interromper
Minha insatisfação!

Fórmula da ingratidão

Ter-se como maioral
Esquecer do seu igual
Deus ser seu enfeite,
Ou um incômodo frequente
Fazer do apetite desenfreado
Algo que o mantém acordado
Essa é a receita da perdição:
A fórmula da ingratidão

Arrogância

Todos me devem algo
Sou rápida em cobrar
Devagar em agradecer
Ágil em criticar

Pais, irmãos, amigos
Em nada podem me agradar
Pois cada atitude deles
Interrompe meu bem estar

Oh mundo! Oh céus!
Do meu jeito nunca estarão
Destilo então a arrogância
A filha da ingratidão

Inveja, Inveja

O coração de paz
O corpo aquece
O coração invejoso
Os ossos apodrece

Deixando de existir
Para destruir seu irmão
Deixando-o faminto
Depois de roubar-lhe o pão

Inveja é muito mais
Do que insatisfação
É um homicídio culposo
Causado pela perversão

De corromper a identidade
Achando que encontrará razão
Para sua existência
Conduzindo o outro a destruição

Achismo

Não me lembro do seu semblante
Não me lembro do seu olhar
Mas antes de seguir adiante
Preciso me desculpar

Antes de te ver, julguei e humilhei
Menosprezei e incriminei
Toda a sua conduta e andar
Todo o seu jeito de se portar

Deixei o pânico então ditar
Tudo o que precisava achar
Sobre você, sobre suas intenções
Por achismos, prévias considerações

Perdoe a desconfiança, a presunção
Todo preconceito e sua ação
Quando me verei longe disso
Do mal dessa Era: O achismo?

Juízes desta Era

Juízes então formados
Pela Era das mídias, graduados
A não tem misericórdia e compaixão
Só preconceito, orgulho e dissimulação

Ai daqueles que contestam nossa opinião
Mentirosa, sem confiável fundamentação
Mas que servem para fazer nossa sessão:
Mandar os réus dos nossos crimes para prisão

Juízes que a misericórdia pouco usam,
Promotores que sem pudor acusam,
Os outros dos seus próprios delitos
Não temos vergonha disso?

Distância do outro

A posição não é boa
De quem muito doa
Mas nunca se doa
Para que não doa

Desgosto

Quem roubou o perfume
Do seu amor?
Quem deixou no lugar
A morte e seu odor

Não come, não ri
Nem pensa em sair,
Nem se divertir

Não te vejo sorrir
O desgosto pela vida
Se apoderou de ti?

Ignorância

Quem percebe o quanto fere
E que a si mesmo tem ferido?
Quem olha sua própria consciência?
Quem analisa seu próprio delito?

Na mão um punhal imolado
Fere o outro e é machucado
Mas quem não vê não sente?
Quem ignora os pecados é inocente?

Mente e nem sente

Mente do que sente
Mente do que entende
Mente do que não está presente
Mente sobre o que está na frente

Mente sobre a agonia
Do que faz de noite e de dia
Mente na tristeza e na alegria
Meias verdades, totais mentiras

Esconder também é mentira
Deixando a vaidade bem escondida
Bem guardada, bem cuidada
Quem mente não sente mais nada

Esquecendo do próximo

Eu vejo você?
Ou vejo uma representação
Da minha própria interpretação?

Eu vejo seu rosto
Ou só enxergo
O filtro que coloco e o resto nego?

Embalada na vaidade,
E tendo a mentira como disfarce
Acha que não será menos complicado
Esquecer quem anda ao meu lado?

Maltrato

Não pode uma mesma fonte
Água doce e amarga jorrar
Não pode uma mesma boca
Abençoar e amaldiçoar

Uma ofensa, um maltrato
É com a morte fazer contrato
Quem por dentro está desolado
Levará outros ao seu estado

E por mais que elogie
O interior tenebroso está
Porque aquilo que se diz
Não é o que quer se expressar

Sensibilidade esquecida

Meu ódio é seguro, asseguro
Só fere quem fere meu orgulho
Minha raiva é prudente, somente
Só envenena quem não me entende

Eu determino o que é certo e errado
Quem não concorda, fique calado
Meu juízo é certo, sem imperfeição
Nem te olho e já sei sua intenção

Faço o bem para ser aplaudida
Nessa terra só há minha vida
Valorizada e bem sucedida
Minha sensibilidade já foi esquecida

Aparências

Nesse momento pedirei cautela
Nada parecia como era
Um belo sorriso escondia
Que a alma já desfalecia

Já dizia o manual da vida
Que a soberba precede a queda
E na mentira não há escapatória
Para quem acredita na sua própria história

Se é a vaidade que está dominando
E a mentira é seu general de comando
Farão de tudo para manter a proficiência
Mantendo-te sempre em vã aparência

Paixões

"Como assim isso pode me afetar?
Como isso pode me prejudicar?
Me sinto livre, me sinto bem
Me divirto e não faço mal a ninguém"

"Juro que sinto um bem estar
Como isso pode me prejudicar?
Sinto até uma voz me guiando
Como assim não é Deus falando?"

Tantas desculpas, tantas ilusões
São aquelas construídas pelas paixões

Pode acreditar?

Você pode acreditar?
Que em Adão, cada ser humano
Deixou Deus em segundo plano
E pediu licença para pecar?

Causa e efeito

O pior homem é o que não sabe
O quão mal é ou pode se tornar
Essa questão específica não lhe cabe
Afinal, nunca fez nada para mudar

E nesse estado permanece fixado
A vaidade, o ego, a soberba são causas
Que asseguram o eu enfeitiçado
No curso da morte, não há pausas

O efeito é negar sabedoria e instrução
Ter-se em larga estima, não aceitar "não"
Enganar quem mais te ama e acompanha
Fazer ao ódio e ao descaso campanha

Esquecer do temor ao Senhor bendito
Manter o poder de Seu nome esquecido
Para sua própria vida não dar respeito
Eis aí o processo de causa e efeito

Quebra de aliança

Se sua luz se apagar
O que é que vai sobrar
Além da lembrança
De algo que não está mais lá?

Do que irá adiantar
Tanta vã confiança?
Restou-se somente a herança
Do nada, da desesperança

Se alguém de pé está,
Deus está a lhe sustentar
Se alguém se ergueu
O ato é mão de Deus

Mas ao que se retirar
Não tem prazer nele Deus
Porque é resultado da soberba
Da própria aliança que ele rompeu

Ferida no calcanhar

Um jardim no Éden, lugar de adoração
Eu, originário da sua respiração
Louvava, cantava, sem preocupação
Até agir pela soberba, sem precaução

Ouvi a serpente, astuto animal
Vi nos seus olhos meu próprio mal
Ela dizia que eu seria como o Criador
Mas não foi assim que o Senhor me formou?

Ser igual? Essa não era a intenção
Ser maior: essa era a ambição
Não admiti, fora de Ti
Não há grandeza que possa existir

E por te afrontar, não te adorar
A serpente conseguiu me enganar
Dei a permissão para ela ferir seu calcanhar
E agora, quem a cabeça dela irá pisar?

Abstinência

Como explicarei o tormento
Do ego perder sua fonte de mantimento
E migrar para pesares a mais
Levando os dias aos seus pontos finais?

Mais relacionamentos líquidos, sem amor
Mais músicas que só falam de glamour
Meu ego precisa se sentir, de mim, senhor
Preciso de mais, sua fome me dá pavor

E agora vem o perigo
Substâncias mais pesadas arrisco
Concupiscência, descrença, ingratidão
Cedendo o corpo e a alma à perdição

Então no meu interior desolado
O exterior começa a ruir
Mesmo assim, oferece Seu cuidado
Mas o que será de quem quer se destruir?

Ferida de maldição

No momento que comi do fruto
Não vi a morte no mesmo segundo
Porque ela primeiro matou meu espírito
Infectando o ar que respiro

O pecado deixou ali uma ferida
E o plano seguia:
Infeccionada, a minha alma afetava
Segundo após segundo, dia após dia

E essa morte lenta vai seguindo
Deixando restos de pele no caminho
A minha mente virou, de vermes, habitação
Quem me livrará dessa ferida de maldição?

...A CICATRIZ

A morte do Rei

Vi sim
O Rei morreu diante de mim
E o sangue escarlate que vertia
A minha alma cobria

Fazendo ela voltar ao princípio
Lembrando-me do porque existo:
Ser habitação eterna de Deus
E o sangue dele também ser o meu

Substituindo o sangue contaminado do pecado
Pelos seus glóbulos santos imaculados
Por essa eu não podia esperar:

Rasguei sua carne, mas foi minha alma
Que ele se ofereceu
Para curar

Sua voz, na miséria

Impressionante, naquele estado desgastante
Sua voz permanecia a mesma de antes
Quando contigo cantava e muito amava
Cada momento que minha alma louvava

E para alguém sem alma, o que se sucederá?
Dos seus braços nunca pude me esquivar
Será que mesmo morta, conseguiria te escutar?
Graça é para quem não diminui a miséria onde está

Então me encontrou o Salvador
Que no Éden comigo andou
Mostrando que seu feito redentor
No passado não ficou

"Aceitar a Cristo é todo dia", o pregador dizia
Quem diria que essa palavra me reanimaria?
As benignidades se renovam, contigo de novo andaria
Graça é para quem sabe que por mérito não se salvaria

Resgate pt. 1

Minha mão paralisa em cima do papel
Mas já havia ouvido para não ter pressa
Não se deve desviar da luz do Eu Sou
Não desvie suas conversas

Eu era ainda cheia de traumas
De paixões e dissoluções
Concupiscências e orgulho
Descontrole e dissimulação

Que trapo! Disfarce encharcado
Do lodo do pecado
E os carros aceleraram na estrada
Que antes minha honra já estava atropelada

Então o que se sucedeu contarei:
Quando minhas entranhas estavam a mostra
Apareceu o Rei
Limpando o monturo, que não me orgulho

Resgate pt. 2

Por que me glorio, se tudo é recebido?
O perdão ofertado, pela justiça dignificada
A não ser mais uma coitada
Antes, sim, morada do Espírito

O Senhor retirou cada espinho
A rebelada morreu, nasceu a filha de Deus
Mataste as pulgas, os vermes, as sanguessugas
Floresceu amor e humildade numa nova conduta

Obrigada, Jesus, pão da vida e luz
Guerreiro e vencedor de toda batalha
A agraciada é por Ti capacitada
E nela, todo dia, sua glória é revelada

Recolhendo retalhos

Sentada ou andando
Nas ruas ou cochilando
A ira tremia meus olhos
A soberba corroía meus ossos

O que falar do orgulho, que me deixava em destroços?
Eu escutava e não ouvia seus rogos
Que me ofereciam paz além do que compreendia
Que me doavam a verdade e em nada fingiam

Tirando o orgulho, ego e agonia
O Senhor modificou-me a sua sintonia
Através dos Seus simples e calmos passos
Aos poucos, segue recolhendo os retalhos

Devagar

Eu vou vendo, conhecendo
Devagar
Ouvindo, assistindo
Devagar
Nem presumindo ou iludindo
De
Va
Gar
Porque apressadamente
Ninguém ouve, vê ou entende
Quem ao seu lado está andando
Nem com filtros, prontamente julgando

De

Va

Gar

Como posso amar o próximo
Se o próximo não consigo olhar?

Quer enxergar além de si mesmo?
Comece devagar

Aprendendo a amar

A santidade que não evita falhos
Antes, muda suas vestes, mais belas que seres alados
Cotidianamente lavada, aprendo o que é amor
contigo
Para amá-lo como fizeste comigo

Sem pressa, com carinho vivo a vida
Consciente que pela cruz fui ungida
Para não ver o outro como objeto
Mas como valioso antes de ser um feto

O amor ao outro, no Senhor, posso observar
Amando a Cristo primeiro, o próximo posso amar
Aprendo sobre a nova vida no Espírito
Nova cultura, nova fala, não explico, só vivo

Maturidade

Ouça as palavras
Atenção, evite ciladas
De sair, dando interpretações
Onde não emitiram intenções

Fruto de justiça, pacífico
Medito e mais madura fico
Não mais emburrada,magoada
Pela verdade revelada

Deixa o orgulho banal
Receba o conselho espiritual
Que cura desde o interior
Para um caráter de louvor

Arte de viver

Não estamos prontos
Nem finalizados
Isso não significa
Que não somos preparados
Dia a dia, a vida explica
Seu plano bem bolado
Nos fazer aprender
A arte do viver
Errar, acertar
Amadurecer, crescer

Cuidado do Rei

És quem me atrai,
E o intento do mal cai
Sua estratagema se esvai
O risco de viver
É sua glória enaltecer
Nesse reino de poder
Sua majestade me defende
Sossegada a alma se sente
Nesse cuidado transcendente

Não a dormência

Escorre a morte
Escorre do lugar que queria dominar
Sua dormência não irá assaltar
Os sentidos de quem, em Cristo, tem muito a desfrutar

Concupiscência, que confunde alegria com aparência de dor
Outrora, usou seu charme como armadilha do terror
O sangue de Cristo nos cobre e honra
Nossa ternura e valor vem da paz do Senhor

Não adormeça, corpo meu
Em você corre o sangue do filho de Deus
Você passou da concupiscência para justificação
A santidade de Cristo está na sua circulação

Perfume de vida

Venham os filhos e filhas de Deus
Vamos desfrutar do que deu o Pai!
O que não se aproveita, se esvaí
O perfume que se aplica não sai

Fixou Jesus, seu odor em mim
Seu cheiro supera margaridas e jasmins
Perfume de vida em mim se fixou
E o cheiro da morte covarde já se retirou

Quem lembra do cheiro da morte,
Que a ferida do pecado exalou?
Não, não lembro de nada
Minha ferida ele cicatrizou

Cicatrizar da Graça

Ele escolheu cura, não a dor amenizar
Não escolheu imparcialidade
Mas a cabeça da serpente pisar

Para me libertar, para minha ferida curar
Se entregando na cruz, naquela tarde
Mostrando nele o processo que irei narrar:

Como ele foi violentado
O meu ego seria aniquilado
Como ele foi desprezado
A soberba permaneceria no passado

Dele é o cicatrizar da alma
Substituiu os vermes pela cura da graça
Com sutileza e toda calma

No dia que o filho de Deus padeceu
Ali também morreu o meu "eu"
E como ele ressuscitou no terceiro dia
Não vivo mais eu, mas sua vida em minha vida

E o mesmo convite preciso oferecer:
Quer deixar a ferida do pecado,
E a Eternidade florescer?
Então, entregue a Jesus seu viver!

E vos vivificou, estando vós mortos em ofensas e pecados,
Em que noutro tempo andastes segundo o curso deste mundo, segundo o príncipe das potestades do ar, do espírito que agora opera nos filhos da desobediência;
Entre os quais todos nós também antes andávamos nos desejos da nossa carne, fazendo a vontade da carne e dos pensamentos; e éramos por natureza filhos da ira, como os outros também.
Mas Deus, que é riquíssimo em misericórdia, pelo seu muito amor com que nos amou,
Estando nós ainda mortos em nossas ofensas, nos vivificou juntamente com Cristo (pela graça sois salvos),
E nos ressuscitou juntamente com ele e nos fez assentar nos lugares celestiais, em Cristo Jesus;
Para mostrar nos séculos vindouros as abundantes riquezas da sua graça pela sua benignidade para conosco em Cristo Jesus.
Porque pela graça sois salvos, por meio da fé; e isto não vem de vós, é dom de Deus.

Efésios 2:1-8 ACF

Made in United States
Orlando, FL
14 April 2025